*Clásicas*
*recetas con*

# Patatas

KÖNEMANN

# ～La patata, un festín ～

La patata es un alimento con alto contenido en hidratos de carbono, uno de los componentes principales de toda dieta equilibrada. Pero, además, es una valiosa fuente de vitamina C y de minerales, y, cuando la comemos con su piel, nos proporciona una buena cantidad de fibra.

## VARIEDADES

Existe en el mercado una gran variedad de patatas, disponibles según las distintas estaciones del año en que se recolectan. Su textura varía desde las de carne más húmeda (las tempranas) hasta las más harinosas, con mayor contenido de almidón (las semitardías y las tardías). Por ello, conviene utilizar la variedad que se indica en cada receta.

Las variedades Desirée, Kipfler, Roseval, Pink Fir Apple y Jersey Royals son las que tienen más cantidad de agua y menos almidón. Son las mejores para comer en ensalada y no se deshacen, ya sea ralladas, cortadas en rodajas o troceadas, tan fácilmente como las más harinosas.

Las variedades Russet (Idaho) y Spunta, con menos agua y más almidón, resultan perfectas para freír, para asar, para hacer puré y para preparar ñoquis.

Otras variedades –Sebago, Pontiac, Bintje, Bison, Nicola, Coliban y las patatitas nuevas– sirven para preparar casi todo tipo de platos. En la tabla de arri-

Spunta

Desirée

Bintje

| Variedad | Cocidas | En puré | Al horno | Fritas | Ensalada |
|---|---|---|---|---|---|
| Bintje | ✓ | ✓ | ✓ | | ✓ |
| Bison | ✓ | ✓ | ✓ | ✓ | |
| Patatas nuevas | ✓ | | ✓ | | ✓ |
| Coliban | ✓ | ✓ | ✓ | | |
| Desirée | ✓ | ✓ | ✓ | | ✓ |
| Jersey Royal | ✓ | | | | ✓ |
| Kipfler | ✓ | | | | ✓ |
| Nicola | ✓ | ✓ | ✓ | | ✓ |
| Pink Fir Apple | ✓ | | | ✓ | ✓ |
| Pontiac | ✓ | | ✓ | | |
| Roseval | ✓ | | | | ✓ |
| Russet (Idaho) | | | ✓ | ✓ | |
| Sebago | ✓ | ✓ | ✓ | ✓ | |
| Spunta | ✓ | ✓ | ✓ | ✓ | |

ba se indican las preparaciones más idóneas para cada variedad, aunque a veces hay indicaciones al respecto en las patatas que se venden empaquetadas en bolsas. Si tiene cualquier duda, consulte en su tienda habitual.

*Roseval*

*Jersey Royal*

*Russet (Idaho)*

## CONSERVACIÓN

Saque las patatas de la bolsa de plástico, extiéndalas en un recipiente poco hondo (mejor de mimbre) y consérvelas en un sitio fresco, oscuro y seco, como una alacena o la propia despensa. Nunca las tenga en la nevera, pues las bajas temperaturas convierten el almidón en azúcar. Si están expuestas a la la luz se forman manchas verdes que pueden ser tóxicas; cuando ocurra esto, pélelas quitando una buena cantidad de pulpa, pero deséchelas si las manchas están muy extendidas. Al comprarlas, fíjese en que estén firmes y no tengan arrugas u ojos muy profundos, ni brotes o manchas verdes. Si vienen con tierra, no la quite, porque prolonga su conservación.

## CONGELACIÓN

En ningún caso debe congelar las patatas una vez preparadas, ya que se quedan muy húmedas y dulzonas. Lo mejor, si el plato lo permite, es congelarlo sin la patata, que luego podrá añadir cuando lo descongele y lo recaliente (por ejemplo, si prepara un pastel de pastor, puede congelar la carne y preparar el puré de patata en el

*Pink fir apple*

*Bison*

*Coliban*

*Chats*

momento de recalentar). O bien, corte las patatas en rodajas muy finas y extiéndalas sobre el guiso, ya descongelado, justo antes de recalentarlo.

## PREPARACIÓN
Para cocer las patatas, pélelas y córtelas en trozos de igual tamaño; luego póngalas en una cazuela cubiertas con agua fría y añada un poco de sal si lo prefiere. Cuando hierva el agua, baje el fuego y deje cocer a fuego lento hasta que, al pincharlas con la punta de un cuchillo, note que están cocidas pero no deshechas. Escúrralas inmediatamente. Si las hace al vapor en el cestillo de la vaporera, ponga éste sobre la cazuela cuando el agua esté hirviendo.

Algunas recetas requieren cocer las patatas con la piel, así la pulpa no se humedece y la patata queda bien seca; es el caso de los ñoquis y de algunos pasteles de horno.

En los ingredientes de cada receta la cantidad de patata a emplear se expresa en gramos. A título indicativo, una patata pequeña pesa unos 120 g, una mediana sobre 250 g y una grande unos 320 g.

Nicola

Kipfler

Pontiac

Sebago

# ～ Ñoquis de patata ～

**Preparación:** 1 h
**Cocción:** 50 min
**Raciones:** 4

500 g de patatas
  harinosas, sin pelar
1 yema de huevo
3 cucharaditas de
  parmesano rallado
1 taza de harina
unas láminas finas de
  parmesano

*Salsa de tomate*
1 lata de 425 g de tomates

1 cebolla pequeña picada
1 rama de apio picada
1 zanahoria pequeña
  picada
1 cucharada de albahaca
  fresca en tiras
1 cucharadita de tomillo
  fresco picado
1 diente de ajo majado
1 cucharadita de azúcar
  morena

**1** ～Cueza las patatas durante 15-20 minutos, hasta que queden tiernas pero enteras (pinche una con la punta de un cuchillo, si se desprende al levantarlo, estará hecha). Escúrralas, pélelas cuando estén frías y páselas por un colador fino o por el pasapurés sobre un cuenco grande. Incorpore la yema y el parmesano rallado, mezcle bien y agregue poco a poco la harina, removiendo hasta conseguir una masa un poco pegajosa. Amásela suavemente unos 2-3 minutos, añadiendo más harina si fuese necesario, hasta que quede una masa fina y sin grumos.
**2** ～Divídala en cuatro partes y ruede cada una sobre una superficie ligeramente enharinada para formar 4 rulos de 2 cm de grosor; córtelos en trozos de 2,5 cm de largo y déles forma ovalada. Para hacerles el dibujo, gire cada ñoqui sobre los dientes de un tenedor mientras lo aprieta con el pulgar. Extiéndalos en bandejas enharinadas y tápelos.
**3** ～Para la salsa, ponga los ingredientes en una cazuela al fuego y, cuando rompa a hervir, bájelo y deje cocer despacio de 15 a 20 minutos, removiendo de vez en cuando.

Deje entibiar y tamice la salsa o tritúrela con la batidora; sazónela.
**4** ～Ponga a cocer abundante agua con sal; cuando hierva, sumerja los ñoquis en tandas de unos 20. A los 2-3 minutos, cuando empiecen a flotar, sáquelos y manténgalos calientes. Remuévalos con el tomate y sírvalos con las láminas de parmesano.

**CADA RACIÓN CONTIENE:**
Proteínas: 11 g; grasa: 4,5 g; hidratos de carbono: 45 g; fibra: 5 g; colesterol: 50 mg; calorías: 265

*Agregue el parmesano rallado y la yema de huevo a la patata machacada.*

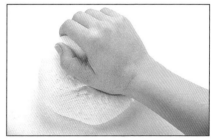

*Trabaje suavemente la masa durante 2 o 3 minutos hasta que quede fina y sin grumos.*

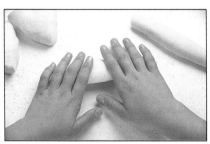

Enrolle las cuatro porciones de masa para formar sendos rulos de 2 cm de grosor.

Apriete cada ñoqui sobre los dientes de un tenedor y gírelo para dibujar las estrías.

# ~ Vichyssoise ~

**Preparación:** 10 min +
1 h de refrigeración
**Cocción:** 35 min
**Raciones:** 4

40 g de mantequilla
2 puerros grandes, sólo la
parte blanca, lavados y
picados finos
650 g de patatas
harinosas, peladas y
troceadas

3 tazas de caldo de pollo
300 ml de nata
cebollino fresco, para
adornar

**1**~Derrita la mantequilla en una cazuela y rehogue el puerro 5 minutos, o hasta que esté blando pero sin que tome color. Agregue las patatas con el caldo y lleve éste a ebullición; baje el fuego, tape la cazuela y deje cocer durante 30 minutos hasta que la patata esté blanda. Deje enfriar un poco.
**2**~Cuando esté tibia la sopa, pásela por el pasapurés o por la batidora hasta que quede fina y sin grumos. Reserve $1/2$ taza de nata para servir y mezcle el resto con la sopa; sazone con sal y pimienta negra recién molida.
**3**~Enfríela en la nevera 1 hora como mínimo y sírvala en platos hondos con un chorrito de nata y cebollino picado encima.

CADA RACIÓN CONTIENE:
Proteínas: 6,5 g; grasa: 40 g; hidratos de carbono: 25 g; fibra: 4 g; colesterol: 130 mg; calorías: 490

**Nota**~La *vichyssoise* también se puede servir caliente. Si queda demasiado espesa, aclárela con un poco de agua, de caldo o de leche.

# ~ Sopa espesa de patata y maíz ~

**Preparación:** 10 min
**Cocción:** 20 min
**Raciones:** 6

50 g de mantequilla
2 cebollas picadas
2 cucharadas de harina
1 litro de caldo de pollo
2 mazorcas desgranadas
1 lata de 310 g de maíz
cremoso

350 g de patatas
harinosas, peladas y
cortadas en dados
100 g de jamón o de
beicon magro, muy
picados
$1/2$ taza de nata líquida

**1**~Derrita la mantequilla en una cazuela grande y rehogue la cebolla durante 3 minutos para ablandarla. Agregue la harina y rehóguela durante 1 minuto.
**2**~Vierta el caldo y añada el maíz desgranado y el cremoso, la patata y el jamón o el beicon. Cuando rompa a hervir, baje el fuego y deje cocer a fuego lento durante 15 minutos, o hasta que la patata esté tierna y la sopa se haya espesado.
**3**~Añada entonces la nata, remueva bien y sirva inmediatamente. Acompañe esta sustanciosa sopa con pan tierno.

CADA RACIÓN CONTIENE:
Proteínas: 7,5 g; grasa: 15 g; hidratos de carbono: 25 g; fibra: 4 g; colesterol: 60 mg; calorías: 280

Vichysoisse *(arriba) y Sopa cremosa de patata y maíz*

# ~ Pizza de patata ~

**Preparación:** 30 min
**Cocción:** 40 min
**Raciones:** 6

1 ~ Precaliente el horno a 210° C. Deslía la levadura con la sal y el azúcar en 1 taza de agua templada, tápela y déjela reposar durante 5-10 minutos en un sitio templado, o hasta que esté espumosa.

2 ~ Tamice la harina en un cuenco grande y haga un hoyo en el centro; agregue la levadura y mézclela con un cuchillo de punta roma y sin filo, o una espátula, hasta formar una masa.

3 ~ Pase la masa a una superficie un poco enharinada y trabájela durante 5 minutos hasta que quede fina y elástica. Luego extiéndala formando un círculo de 30 cm de diámetro. Engrase con un poco de aceite una bandeja para

1 bolsita de 7 g de
  levadura desecada, o
  15 g de levadura fresca
  (ver nota)
$1/2$ cucharadita de sal
$1/2$ cucharadita de azúcar
$2^{1}/2$ tazas de harina
2 cucharaditas de polenta
  fina o de semolina

3 cucharadas de aceite de
  oliva
2 dientes de ajo majados
650 g de patatas poco
  harinosas, sin pelar y
  cortadas en rodajas
  muy finas
1 cucharada de hojas de
  romero fresco

pizza o una placa de horno y espolvoree encima la polenta o semolina.

4 ~ Ponga la masa en la bandeja. Mezcle 1 cucharada del aceite con el ajo majado y extiéndalo sobre la masa. Aliñe las rodajas de patata en un cuenco grande con el aceite restante, el romero, 1 cucharadita de sal y un poco de pimienta negra recién molida.

5 ~ Coloque las patatas en círculos, acaballando unas sobre otras, encima de la pizza y hornéela durante 40 minutos aproximadamente, o hasta que la

masa esté crujiente y las patatas bien hechas.

**CADA RACIÓN CONTIENE:**
Proteínas: 8,5 g; grasa: 10 g; hidratos de carbono: 55 g; fibra: 4 g; colesterol: 0 mg; calorías: 345

**Nota** ~ La levadura fresca se vende en la sección de alimentos refrigerados de los supermercados y en algunas panaderías. Empléela del mismo modo que si fuera desecada: deslíala en agua templada y déjela reposar en un sitio también templado entre 5 y 10 minutos, hasta que empiece a espumar.

*Con un cuchillo grande y bien afilado, corte las patatas en rodajas muy finas.*

*Agregue la levadura desleída a la harina y mézclalas hasta obtener una masa.*

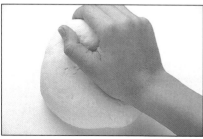

Trabaje la masa durante 5 minutos hasta que quede fina y elástica.

Extienda en la base de pizza las patatas en círculos, montando unas sobre otras.

# ~ Ensalada caliente de patata ~

**Preparación:** 15 min
**Cocción:** 25 min
**Raciones:** 8

1.~Caliente el grill. Quite la corteza y el exceso de grasa del beicon y gratínelo hasta que esté crujiente; córtelo en trocitos.
2.~Cueza las patatas en agua o al vapor durante 10-15 minutos, o hasta que estén tiernas pero no deshechas (pinche una con la punta de un cuchillo, si se desprende al levantar éste, estará hecha). Procure que no se separe la piel, escúrralas y deje que se enfríen un poco.

4 lonchas de beicon
1,5 kg de patatas
 pequeñas de piel roja,
 sin pelar
4 cebolletas en rodajas
1/4 de taza de perejil
 picado

3.~Para hacer el aliño, agite bien todos los ingredientes en un frasco o jarrita hasta que la mezcla emulsione.
4.~Corte las patatas a lo largo en cuartos y póngalas en un cuenco con la mitad del beicon, la cebolleta, el perejil y un poco de sal y de pimienta negra recién molida; riegue con la mitad del aliño y

*Aliño*
2/3 de taza de aceite de
 oliva virgen
1 cucharada de mostaza
 de Dijon
1/3 de taza de vinagre de
 vino blanco

remueva para que las patatas cojan bien los ingredientes.
5.~Pase las patatas a una ensaladera, rocíela con el resto del aliño y esparza por encima el beicon restante.

CADA RACIÓN CONTIENE:
Proteínas: 8,5 g; grasa: 20 g; hidratos de carbono: 25 g; fibra: 3 g; colesterol: 9 mg; calorías: 330

# ~ Ensalada fría de patata ~

**Preparación:** 30 min
**Cocción:** 5 min
**Raciones:** 4

1.~Cueza las patatas en agua o al vapor durante 5-10 minutos, o hasta que estén tiernas pero no deshechas (pinche una con la punta de un cuchillo, si la patata se desprende al levantar éste, estará cocida). Procure que no se separe la piel, escúrralas y

600 g de patatas poco
 harinosas blancas o
 rojas, sin pelar y
 troceadas en bocaditos
1 cebolla pequeña picadita
1 pimiento verde pequeño
 picado
2-3 ramas de apio picadas
1/4 de taza de perejil
 fresco muy picado

deje que se enfríen por completo.
2.~Mezcle en un cuenco grande las patatas con la

*Aliño*
3/4 de taza de mayonesa
 entera
1-2 cucharadas de
 vinagre de vino blanco o
 de zumo de limón
2 cucharadas de nata
 agria

cebolla, el pimiento, el apio y el perejil (reserve un poco de éste para adornar al final).

*Ensalada caliente de patata (arriba) y Ensalada fría de patata*

**3** ⮞ Para preparar el aliño, mezcle bien todos los ingredientes y sazone con sal y pimienta negra.

Viértalo sobre la ensalada y remueva todo suavemente; adorne con el perejil reservado y sirva.

**CADA RACIÓN CONTIENE:**
Proteínas: 5 g; grasa: 20 g; hidratos de carbono: 30 g; fibra: 3,5 g; colesterol: 30 mg; calorías: 320

# ~ Tortitas de salmón y patata ~

**Preparación:** 30 min +
30 min en la nevera
**Cocción:** 40 min
**Para 8 tortitas**

| | |
|---|---|
| 750 g de patatas harinosas, peladas y cortadas en cuartos | limón |
| | 1/4 de taza de perejil fresco picado |
| 30 g de mantequilla | harina para rebozar |
| 1 cebolla picada fina | 1 taza de pan rallado |
| 1 lata de 425 g de salmón | 1 huevo poco batido |
| 1 huevo poco batido | 2 cucharadas de leche |
| 2 cucharadas de zumo de | aceite para freír |

**1** Cueza las patatas en agua o al vapor durante 10-15 minutos, o hasta que estén tiernas pero no deshechas (pinche una con la punta de un cuchillo, si se desprende al levantarlo, estará hecha). Escúrralas bien y póngalas de nuevo en la cazuela a fuego medio, removiéndolas para que pierdan el resto de humedad. Aplástelas toscamente con el aplastador de patatas y deje que este puré se enfríe un poco.

**2** Funda la mantequilla en una sartén y sofría la cebolla a fuego medio durante 2-3 minutos, hasta que se ablande sin que tome color.

**3** Escurra el salmón, retire los trozos de piel y las espinas y desmíguelo con un tenedor en un cuenco grande. Añádale la patata machacada, la cebolla, el huevo, el zumo de limón y el perejil y mézclelo todo bien (la mezcla deberá quedar con algunos grumos y un poco blanda).

**4** Dé forma a las tortitas. Ponga la harina y el pan rallado en sendos platos; mezcle el huevo batido y la leche en un cuenco. Enharine ligeramente las tortitas, páselas por el huevo con la leche y rebócelas en el pan rallado. Póngalas en una bandeja forrada con papel vegetal, retóquelas si es necesario y métalas en la nevera durante 30 minutos para que queden consistentes y el rebozado firme.

**5** Caliente 3 cucharadas de aceite en una sartén y fría las tortitas a fuego medio durante 4 minutos por cada lado, o hasta que estén bien doradas; añada más aceite si fuese necesario. Conforme las vaya sacando de la sartén, póngalas a escurrir sobre papel absorbente.

**CADA RACIÓN CONTIENE:**
Proteínas: 18 g; grasa: 15 g;
hidratos de carbono: 25 g;
fibra: 2,5 g; colesterol: 95 mg;
calorías: 300

*Machaque las patatas con un aplastador y deje que se enfríen.*

*Limpie el salmón de pieles y espinas y desmíguelo con un tenedor.*

*Enharine las tortitas, páselas por el huevo con la leche y rebócelas con el pan rallado.*

*Dore bien las tortitas por ambos lados con poco aceite.*

# ～ Patatas salteadas ～

**Preparación:** 20 min
**Cocción:** 35 min
**Raciones:** 6

| | |
|---|---|
| 1 kg de patatas nuevas, Bintje o Pontiac, sin piel y en dados de 2 cm | 1 cebolla picada |
| | 2 cebolletas cortadas en rodajitas |
| ¹/₃ de taza de aceite de oliva | 1 cucharada de hojas de tomillo fresco |
| 2 lonchas de beicon | 1 diente de ajo majado |

1.～Cueza las patatas al vapor o con agua durante 5 minutos; escúrralas bien y séquelas con un paño limpio.
2.～Caliente el aceite en una sartén grande de fondo grueso, pique el beicon y rehóguelo con la cebolla y la cebolleta durante 5 minutos. Agregue luego las patatas y deje que se hagan a fuego lento unos 20 minutos, o hasta que estén tiernas; sacuda la sartén de vez en cuando, dé vueltas a las patatas con frecuencia para que no se peguen y tape parcialmente la sartén a mitad de cocción para que el vapor retenido permita que se hagan bien por dentro.
3.～Cuando queden unos pocos minutos, añada el tomillo, el ajo y un poco de sal y pimienta negra; si fuese necesario, suba el fuego para que queden crujientes.

CADA RACIÓN CONTIENE:
Proteínas: 7 g; grasa: 14 g; hidratos de carbono: 23 g; fibra: 3 g; colesterol: 6,5 mg; calorías: 243

**Nota**.～Puede dejar las patatas hechas con antelación y recalentarlas con un poco de aceite en una sartén de fondo grueso.

# ～ Patatas a la panadera ～

**Preparación:** 35 min
**Cocción:** 1 h
**Raciones:** 6

| | |
|---|---|
| 1 kg de patatas nuevas, peladas y cortadas en rodajas muy finas | 2 dientes de ajo majados |
| | 400 ml de caldo de pollo o de verduras |

1.～Precaliente el horno a 200° C. Engrase una fuente poco honda de cerámica refractaria, de 1 litro de capacidad, y cubra el fondo con una capa de patatas, montándolas unas sobre otras.
2.～Espolvoree por encima con un poco del ajo majado y salpimente moderadamente. Siga haciendo capas hasta terminar las patatas, el ajo y la sal y pimienta.
3.～Riegue con el caldo e introduzca la fuente en el horno durante 1 hora, sin taparla, hasta que las patatas estén tiernas por dentro y tostadas y crujientes por arriba.

CADA RACIÓN CONTIENE:
Proteínas: 4 g; grasa: 0 g; hidratos de carbono: 20 g; fibra: 3 g; colesterol: 0 mg; calorías: 111

**Variación**.～Cuando sólo falten 15 minutos para terminar la cocción en el horno, espolvoree las patatas con un poco de queso rallado.

*Patatas salteadas (arriba) y Patatas a la panadera*

# ~ Pastel de pescado ~

**Preparación:** 30 min
**Cocción:** 1 h
**Raciones:** 6

500 g de patatas
  harinosas, peladas y
  cortadas en cuartos
1/4 de taza de leche o de
  nata líquida
1 huevo
40 g de mantequilla
1/2 taza de queso *cheddar*
  rallado

*Relleno*
800 g de lomos de pesca-
  do blanco, en trozos
1 1/2 tazas de leche
30 g de mantequilla
1 cebolla muy picada
1 diente de ajo majado
2 cucharadas de harina
2 cucharadas de zumo de
  limón
2 cucharaditas de
  ralladura de limón
1 cucharada de eneldo
  fresco picado

1.~Precaliente el horno a 180º C. Cueza las patatas al vapor o con agua durante 10-15 minutos, o hasta que estén tiernas pero no deshechas (pinche una con la punta de un cuchillo, si se desprende al levantarlo, estará hecha). Escúrralas y macháquelas en la misma cazuela con la leche, el huevo y la mantequilla; agregue la mitad del queso, remueva y reserve la mezcla sin que se enfríe.
2.~Ponga el pescado en una sartén al fuego, cúbralo con la leche y, cuando rompa a hervir, bájelo y deje cocer 2-3 minutos, o hasta que el pescado esté hecho por dentro. Escurra la leche y resérvela.
3.~Derrita la mantequilla en una cazuela y reho-

gue la cebolla y el ajo durante 2 minutos. Añada la harina y rehóguela 1 minuto; retire la cazuela del fuego y vierta poco a poco la leche reservada, removiendo para que no salgan grumos. Póngala de nuevo al fuego y remueva hasta que empiece a hervir y espesarse; baje el fuego y cueza otros 2 minutos. Agregue el zumo, la ralladura de limón, el eneldo, sal y pimienta negra.

4.~Ponga el pescado en una fuente de cerámica refractaria y eche encima la salsa; remuévalo con cuidado, cúbralo con la patata machacada y extienda encima el queso restante. Hornee durante 35 minutos hasta que quede bien dorado por encima.

**CADA RACIÓN CONTIENE:**
Proteínas: 37 g; grasa: 20 g; hidratos de carbono: 18 g; fibra: 2 g; colesterol: 175 mg; calorías: 405

*Aplaste las patatas con el huevo, la mantequilla y la leche o la nata.*

*Cubra el pescado troceado con la leche y lleve ésta a ebullición.*

*Añada la harina a la cebolla sofrita con el ajo y rehogue todo durante 1 minuto.*

*Ponga el pescado cocido en una fuente refractaria y cúbralo con la salsa.*

# ～ Empanadillas de patata y cilantro ～

**Preparación:** 1 h
**Cocción:** 30 min
**Para 24 empanadillas**

1.～Caliente la mantequilla y rehogue a fuego suave el jengibre con las especias durante 1 minuto; ponga las patatas y 3 cucharadas de agua y deje cocer 10-15 minutos, o hasta que estén tiernas. Añada los guisantes, las hierbas y la cebolleta, remueva y deje enfriar.

2.～Para la masa, tamice en un cuenco la harina con la levadura y la sal; haga un hoyo en el centro y eche la mantequilla, el yogur y $^3/4$ de taza de agua. Mezcle todo con un cuchillo sin filo hasta obtener una masa y trabaje ésta con un poco de harina para formar una bola lisa. Divídala en cuatro partes y extienda una de ellas con el rodillo en una lámi-

---

50 g de mantequilla
2 cucharaditas de jengibre fresco rallado
2 cucharaditas de comino en grano
1 cucharadita de *garam masala*
500 g de patatas poco harinosas, peladas y cortadas en daditos
$^1/2$ taza de guisantes
$^1/2$ taza de hojas de cilantro fresco

$^1/4$ de taza de menta fresca picada
3 cebolletas en rodajitas
1 huevo poco batido
aceite para freír

*Masa de empanadillas*
$3^3/4$ tazas de harina
1 cucharadita de levadura en polvo
$1^1/2$ cucharaditas de sal
110 g de mantequilla
$^1/2$ taza de yogur natural.

---

na muy fina mientras mantiene tapadas las otras.

3.～Corte la lámina estirada en 6 círculos con un cuenco de 12 cm; ponga una cucharada colmada de relleno en el centro de cada uno, pinte con huevo los bordes de la masa y dóblela en semicírculo. Para sellar las empanadillas, haga varios dobleces en el borde pellizcándolo al tiempo que lo lleva hacia atrás. Proceda de igual modo con las restantes.

4.～Llene una sartén con aceite hasta un tercio de su capacidad y caliéntelo a 180º C (un dado de pan se tostará en 15 segundos). Fría las empanadillas en tandas hasta que estén crujientes; déles la vuelta con una espumadera y escúrralas sobre papel absorbente. Sírvalas con el yogur.

**CADA RACIÓN CONTIENE:**
Proteínas: 3,5 g; grasa: 8,5 g; hidratos de carbono: 20 g; fibra: 1,5 g; colesterol: 25 mg; calorías: 160

*Haga un hoyo en el centro de la harina y vierta en él la mantequilla, el yogur y el agua.*

*Estire las cuatro porciones de masa de una en una hasta que queden muy finas.*

*Para sellar las empanadillas, pellizque varias veces el borde llevándolo hacia atrás.*

*Fría las empanadillas y déles la vuelta con la espumadera para dorarlas por ambos lados.*

# ~ ¡Hechas puré! ~

Las mejores patatas para hacer puré son las harinosas. Aplástelas con un machacador, o un tenedor, o páselas por el pasapurés, nunca por la batidora, pues resultarían gomosas. Las recetas Colcannon y Champ son típicas de Irlanda.

**Puré espeso clásico**
Pele 4 patatas grandes, córtelas en cuartos y cuézalas al vapor o con agua durante 10-15 minutos, o hasta que estén tiernas pero enteras (pinche una con la punta de un cuchillo, si se desprende al levantarlo, estará hecha). Escúrralas bien y déles unas vueltas en la misma cazuela a fuego suave para que pierdan el exceso de humedad.

Haga un puré fino y sin grumos. Añada 1-2 cucharadas de leche y otra de mantequilla, y mezcle todo con una cuchara de madera. Sazone con sal y pimienta. Raciones: 4

**Puré Colcannon**
Pele 4 patatas grandes, córtelas en cuartos y cuézalas al vapor o con agua durante 10-15 minutos, o hasta que estén tiernas pero enteras (pinche una con la punta de un cuchillo, si se

desprende al levantarlo, estará hecha). Escúrralas bien y déles unas vueltas en la misma cazuela a fuego suave para que pierdan el exceso de humedad. Haga un puré fino y sin grumos. Corte en juliana un cuarto de repollo blanco pequeño y rehóguelo con 1 cucharada de mantequilla derretida en una sartén hasta que quede blando y ligeramente dorado. Añada luego 8 cebolletas muy picaditas, dé unas vueltas a todo y agréguelo al puré con 2 cucharadas de mantequilla, 1-2 cucharadas de

leche, una pizca de nuez moscada y sal y pimienta negra. Remueva hasta obtener un puré fino y cremoso. Raciones: 4

### Puré Champ

Pele 4 patatas grandes, córtelas en cuartos y cuézalas al vapor o con agua durante 10-15 minutos, o hasta que estén tiernas pero enteras (pinche una con la punta de un cuchillo, si se desprende al levantarlo, estará hecha). Escúrralas bien y déles unas vueltas en la misma cazuela a fuego suave para que pierdan el exceso de humedad. Haga un puré fino y sin grumos. Caliente una taza de leche en una cazuela y añada 4 cebolletas muy picaditas; deje cocer a fuego lento durante 15 minutos, escurra la leche sobre el puré y deseche la cebolleta. Rehogue 2 cebolletas con un poco de mantequilla hasta que estén blandas, agréguelas al puré y remueva para mezclarlo bien. Raciones: 4

### Puré a las hierbas

Pele 4 patatas grandes, córtelas en cuartos y cuézalas al vapor o con agua entre 10 y 15 minutos, o hasta que estén tiernas pero sin deshacerse (pinche una con la punta de un cuchillo, si la patata se desprende al levantarlo, estará hecha). Escúrralas bien y déles unas vueltas en la misma cazuela a fuego suave para que pierdan el exceso de humedad. Haga un puré fino y sin grumos. Añada 2 cucharadas de perejil y 1 cucharada de cebollino, ambos frescos y picados, salpimente y mezcle todo bien. Raciones: 4

*De izquierda a derecha: Puré espeso clásico; Puré Colcannon; Puré Champ; Puré a las hierbas*

# ~ Ensalada templada de patata con salchichas y mostaza ~

**Preparación:** 5 min
**Cocción:** 20 min
**Raciones:** 6

| | |
|---|---|
| 1 kg de patatas nuevas, sin pelar y cortadas en cuartos | 2 ramas de apio en rodajas finas |
| 750 g de salchichas tipo Frankfurt | 1/2 taza de nata líquida |
| 1 cucharada de aceite vegetal | 300 g de nata agria |
| 4 cebolletas en rodajitas finas | 4 cucharadas de mostaza en grano |
| | 2 cucharadas de perejil fresco picado |

1.~Cueza las patatas al vapor o con agua durante 5-10 minutos, o hasta que estén tiernas pero sin que se deshagan (pinche una con la punta de un cuchillo, si la patata se desprende al levantar éste, estará hecha); escúrralas. Cueza las salchichas durante 5 minutos en agua que apenas hierva, escúrralas y manténgalas tapadas para que no se enfríen.

2.~Caliente el aceite en una sartén grande y rehogue a fuego lento la cebolleta con el apio unos 2 minutos. Añada la nata líquida, la agria y la mostaza; lleve a ebullición.
3.~Corte las salchichas diagonalmente en trozos de 2 cm y échelas a la sartén con las patatas y el perejil; salpimente y dé unas vueltas para mezclar todo.

CADA RACIÓN CONTIENE:
Proteínas: 20 g; grasa: 54 g; hidratos de carbono: 26 g; fibra: 5 g; colesterol: 155 mg; calorías: 670

# ~ Skordalia ~

**Preparación:** 35 min
**Cocción:** 15 min
**Raciones:** 6

| | |
|---|---|
| 500 g de patatas harinosas, peladas y en cuartos | 2/3 de taza de aceite de oliva |
| 5 dientes de ajo majados | 2 cucharadas de vinagre de vino blanco |
| 60 g de almendra molida | |

1.~Cueza las patatas al vapor o con agua 5-10 minutos, o hasta que estén tiernas pero enteras (pinche una con la punta de un cuchillo, si se desprende al levantarlo, estará hecha); escurra y aplástelas.
2.~Mézclelas con el ajo y la almendra y vierta poco a poco el aceite machacándolas bien hasta conseguir un puré fino y sin grumos. Añada el vinagre y salpimente. Si queda demasiado espeso, agregue poco a poco 2-3 cucharadas de agua hasta que el puré quede cremoso, pero no líquido. Sírvalo frío.

CADA RACIÓN CONTIENE:
Proteínas: 4 g; grasa: 15 g; hidratos de carbono: 12 g; fibra: 2,5 g; colesterol: 0 mg; calorías: 205

**Nota**~Esta especialidad griega combina muy bien con carne o pescado. Puede hacerla el día antes y conservarla en la nevera.

*Ensalada templada de patata con salchichas y mostaza (arriba) y* Skordalia

# ∼ Patatas bravas ∼

**Preparación:** 15 min
**Cocción:** 55 min
**Raciones:** 6

800 g de patatas poco
  harinosas, peladas y en
  trozos de 3-4 cm
1/4 de taza de aceite de
  oliva
1/4 de cucharadita de sal

*Salsa brava*
1 cucharada de aceite
1 cebolla pequeña picada
1 diente de ajo majado
1/2 cucharadita de chile
  en hojillas

1/2 cucharadita de comino
  molido
1 cucharadita de
  pimentón
1/4 de taza de vino blanco
  seco
2 tomates maduros muy
  picados
1 cucharada de tomate
  concentrado
1 chorrito de tabasco
1 cucharada de perejil
  fresco picado

1∼Precaliente el horno a 210° C. Extienda las patatas troceadas en una bandeja de horno de 20 x 30 cm, riéguelas con el aceite y póngales un poco de sal; déles unas vueltas para que cojan bien el aceite por todos lados y hornéelas en la parte alta del horno durante 40 minutos, dándoles una vez la vuelta, para que queden bien doradas.
2∼Para elaborar la salsa brava, caliente el aceite en una cazuela a fuego medio y rehogue la cebolla durante 3 minutos. Añada el ajo, el chile en hojillas, el comino y el pimentón; rehogue todo 1 minuto más. Suba entonces el fuego, eche el vino y deje cocer durante 30 segundos para que se reduzca; baje un poco el fuego, agregue el tomate picado y el concentrado y deje cocer durante 10 minutos, o hasta que la salsa se espese; remueva de vez en cuando para que no se pegue en el fondo. Retírela del fuego y deje que se enfríe un poco en la misma cazuela.
3∼Pase la salsa por la batidora hasta que quede fina y póngala de nuevo en la cazuela; cuézala a fuego medio durante 5-8 minutos más, o hasta que esté bien caliente. Añada el tabasco, el perejil y sal a su gusto y remueva todo bien.
4∼Sirva las patatas en una fuente con la salsa por encima; procure que estén bien calientes.

**CADA RACIÓN CONTIENE:**
Proteínas: 4 g; grasa: 15 g;
hidratos de carbono: 20 g;
fibra: 3,5 g; colesterol: 0 mg;
calorías: 220

*Extienda las patatas en una bandeja de horno,
riéguelas con el aceite, sálelas y remuévalas.*

*Eche el ajo, el chile, el comino y el pimentón
sobre la cebolla rehogada.*

*Añada luego el tomate picado y el concentrado y deje cocer hasta que la salsa se espese.*

*Trasvase la salsa a la batidora y bátala hasta que quede fina.*

# ～ Scones de patata ～

**Preparación:**
25 min + refrigeración
**Cocción:** 35 min
**Para 12** *scones*

**250 g de patatas harinosas sin pelar**
**30 g de mantequilla**
**2 cucharaditas de azúcar**
**1 huevo poco batido**

**³/4 de taza de nata o leche**
**3 cucharadas de parmesano rallado**
**2¹/2 tazas de harina de fuerza, tamizada**

1 ～ Precaliente el horno a 210º C. Cueza las patatas 15-20 minutos (pinche una con un cuchillo, si se desprende fácilmente, estará hecha); escurra, enfríe, pele y aplástelas.
2 ～ Haga una crema con la mantequilla blanda y el azúcar; mezcle con la patata, el huevo, la nata y dos cucharadas de parmesano.

3 ～ Ponga la harina en un bol, haga un hoyo en el centro, eche la patata preparada y mezcle con un cuchillo sin filo hasta obtener una pasta blanda; añada más nata si lo necesita. Trabájela en una superficie poco enharinada para formar una bola fina. Estírela hasta que tenga 2 cm de grosor y saque

círculos de masa con un cortapastas liso de 5 cm. Dispóngalos en una bandeja de horno engrasada, píntelos con leche y espolvoree el resto del parmesano. Hornee 10-12 minutos.

**CADA RACIÓN CONTIENE:**
Proteínas: 4,5 g; grasa: 10 g; hidratos de carbono: 20 g; fibra: 1 g; colesterol: 45 mg; calorías: 190

*Con una cuchara de madera, haga una crema con la mantequilla blanda y el azúcar.*

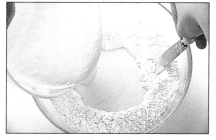

*Haga un hoyo en el centro de la harina y vierta dentro la mezcla de patata.*

*Mezcle los ingredientes con un cuchillo sin filo hasta conseguir una masa blanda.*

*Estire la masa hasta que tenga 2 cm de grosor y corte círculos con un cortapastas de 5 cm.*

# ～ Croquetas de patata ～

**Preparación:** 45 min +
2 h y 30 min en la nevera
**Cocción:** 30 min
**Para 12 croquetas**

750 g de patatas
harinosas, peladas y
cortadas en cuartos
2 cucharadas de nata o de
mantequilla fundida
3 huevos

1/4 de cucharadita de
nuez moscada
harina para rebozar
1 1/2 tazas de pan rallado
aceite abundante para
freír

1.～Cueza las patatas al vapor o con agua durante 10-15 minutos, o hasta que estén tiernas pero sin que se deshagan (pinche una con la punta de un cuchillo, si la patata se desprende al levantarlo, estará hecha); escúrralas bien y póngalas de nuevo en la cazuela a fuego medio, removiéndolas para que pierdan la humedad. Aplástelas en puré.

2.～Agregue al puré la nata o la mantequilla fundida, un huevo, la nuez moscada y un poco de sal y pimienta negra recién molida; mezcle todo bien y extienda la mezcla en un plato liso con una cuchara de madera. Tápela con plástico transparente y enfríela en la nevera un mínimo de 30 minutos.

3.～Divida la mezcla en 12 partes iguales y déles forma de croqueta de unos 8 cm de largo. Ponga la harina y el pan rallado en sendos platos lisos y bata no mucho los 2 huevos restantes en un cuenco.

4.～Ruede las croquetas por la harina y sacuda la sobrante; páselas luego por el huevo y finalmente por el pan rallado, sacudiendo el que sobre. Extienda las croquetas en una sola capa en una bandeja o un plato grande, tápelas con plástico transparente y métalas en la nevera al menos 2 horas para que queden firmes.

5.～Ponga aceite en una sartén de fondo grueso hasta llenar un tercio de su capacidad y caliéntelo a 180° C (un dadito de pan debe dorarse en 15 segundos). Fría las croquetas en tandas de 5 minutos, o hasta que estén doradas; sáquelas con cuidado con una espumadera, escúrralas sobre papel absorbente y manténgalas calientes mientras fríe el resto.

**CADA RACIÓN CONTIENE:**
Proteínas: 5 g; grasa: 7 g; hidratos de carbono: 25 g; fibra: 2 g; colesterol: 50 mg; calorías: 170

**Nota.**～Las croquetas de patata no se deben congelar, pues quedan dulces.

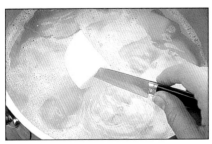

*La patata está cocida si, al pincharla con un cuchillo, se desprende de éste fácilmente.*

*Extienda la pasta de patata en una bandeja o en un plato liso, tápela y refrigérela.*

*Enharine las croquetas, báñelas en el huevo y luego rebócelas con el pan rallado.*

*Fría las croquetas con el aceite bastante caliente hasta que queden bien doradas.*

# ～ Patatas a la crema con anchoas ～

**Preparación:** 15 min
**Cocción:** 1 h y 5 min
**Raciones:** 4

| | |
|---|---|
| 15 filetes de anchoa | 1 kg de patatas nuevas, |
| 45 g de mantequilla | Bintje o Pontiac, |
| 2 cebollas grandes en | peladas y cortadas en |
| tiras finas | bastoncitos finos |
| 45 g de mantequilla en | 2 tazas de nata líquida |
| daditos | |

**1.** ～Precaliente el horno a 200° C. Ponga a remojar las anchoas en agua o en leche para que pierdan su salazón; enjuáguelas y escúrralas.

**2.** ～Funda la mantequilla en una sartén a fuego medio y rehogue la cebolla durante 5 minutos hasta que se dore.

**3.** ～Extienda la mitad de las patatas en una fuente de cerámica refractaria, reparta encima las anchoas y la cebolla rehogada y cubra todo con el resto de las patatas.

**4.** ～Riegue esta mezcla con la mitad de la nata y reparta encima los dados de mantequilla. Hornee la fuente durante 20 minutos, o hasta que las patatas estén tiernas y cocidas; vierta luego el resto de la nata y hornee otros 40 minutos para que las patatas queden bien doradas por encima.

**CADA RACIÓN CONTIENE:**
Proteínas: 11 g; grasa: 35 g; hidratos de carbono: 30 g; fibra: 4 g; colesterol: 145 mg; calorías: 740

*Corte las patatas en bastoncitos finos con un cuchillo bien afilado.*

*Remoje las anchoas en agua o leche durante 5 minutos para que pierdan su salazón.*

*Extienda la mitad de las patatas en la fuente y cúbralas con las anchoas y la cebolla.*

*Vierta el resto de la nata sobre las patatas y hornéelas hasta que queden doradas.*

# ～ Cuñas de patata con salsas ～

**Preparación:** 25 min + 1 h de refrigeración
**Cocción:** 1 h y 10 min
**Raciones:** 6

**1.** ～ Precaliente el horno a 210° C. Lave las patatas frotándolas para quitar la arenilla, séquelas con papel absorbente y pínchelas un par de veces con un tenedor. Hornéelas durante 1 hora, dándoles una vez la vuelta, hasta que la piel esté crujiente y la carne blanda; déjelas enfriar durante 1 hora.

**2.** ～ Para hacer el *pesto rosa*, mezcle en un cuenco la nata agria con el *pesto* de tomates secos, el zumo de limón y casi todo el cebollino; sazone con sal y pimienta negra y adorne con el resto del cebollino.

**3.** ～ Para el guacamole, machaque la carne de los aguacates en un cuenco y mézclela con los demás ingredientes; sazone con sal y pimienta negra.

**4.** ～ Cuando estén frías las patatas, córtelas por la mitad a lo largo y vacíelas dejando 1 cm de carne con la piel; corte luego cada mitad a lo largo en tres cuñas.

**5.** ～ Ponga en una sartén de fondo grueso bastante aceite hasta que cubra un tercio de su capacidad y caliéntelo a 180° C (un cuadradito de pan debe dorarse en 15 segundos). Fría las cuñas de patata en tandas de 2-3 minutos hasta que queden bien doradas y crujientes; sáquelas con la espumadera y escúrralas sobre papel absorbente, póngales sal y sírvalas con la salsa que prefiera.

---

1,5 kg de patatas harinosas, sin pelar
aceite para freír

**Elija una salsa:**

**Pesto *rosa***
300 g de nata agria
3 cucharadas de *pesto* de tomates secos
1 cucharadita de zumo de limón
2 cucharadas de cebollino fresco picado

***Guacamole***
2 aguacates maduros
1 cucharada de zumo de lima
1 tomate pequeño muy picado
1 cebolla morada pequeña muy picada
1 cucharada de cilantro fresco picado
2-3 cucharadas de nata agria
2-3 gotas de tabasco

---

**CADA RACIÓN CONTIENE:**
Proteínas: 8 g; grasa: 25 g; hidratos de carbono: 35 g; fibra: 5 g; colesterol: 65 mg; calorías: 355

*Lave las patatas frotándolas, séquelas con papel absorbente y pínchelas con un tenedor.*

*Una vez frías las patatas, córtelas por la mitad a lo largo y vacíelas con una cucharita.*

*Cuñas de patata con salsas y* Pesto *rosa*

# ～ Tortilla de patatas gratinada ～

**Preparación:** 10 min
**Cocción:** 45 min
**Raciones:** 4

2 cucharadas de aceite de oliva
2 cebollas grandes cortadas en tiras

600 g de patatas nuevas, peladas y cortadas en dados de 1 cm
3 huevos poco batidos

**1.** ～Caliente el aceite en una sartén de fondo grueso de mango metálico y unos 20 cm de diámetro; rehogue la cebolla durante 3 minutos, o hasta que coja color. Agregue las patatas en dados y deje que se hagan a fuego medio durante 10 minutos, removiéndolas de vez en cuando, hasta que se ablanden. Precaliente el grill.

**2.** ～Sazone los huevos batidos con un poco de sal y pimienta negra y viértalos sobre las patatas en la sartén. Deje que se cuajen a fuego lento durante 20 minutos y meta luego la sartén en el horno para gratinar la tortilla unos 5 minutos, o hasta que quede bien firme. Dé la vuelta a la tortilla ayudándose con un plato grande

y sírvala caliente con una ensalada y pan tierno.

**CADA RACIÓN CONTIENE:**
Proteínas: 9 g; grasa: 13 g; hidratos de carbono: 23 g; fibra: 3 g; colesterol: 135 mg; calorías: 250

**Nota.** ～Si el mango de su sartén no es metálico, envuélvalo con papel de aluminio para poderlo meter en el horno.

*Corte las cebollas en tiras finas con un cuchillo grande bien afilado.*

*Agregue las patatas a la cebolla rehogada y déjelas cocer durante 10-12 minutos.*

*Vierta el huevo sobre las patatas repartiéndolo bien y deje que se cuaje a fuego lento.*

*Ponga un plato liso grande sobre la sartén y dé la vuelta a la tortilla.*

# ～ Patatas duquesa ～

**Preparación:** 20 min
**Cocción:** 45 min
**Raciones:** 6

| | |
|---|---|
| 1 kg de patatas harinosas, peladas y cortadas en cuartos | $1/3$ de taza de nata líquida |
| 2 huevos | $1/4$ de cucharadita de nuez moscada rallada |
| | 1 yema de huevo |

1. ～Cueza las patatas al vapor o con agua durante 10-15 minutos, o hasta que estén tiernas (pinche una con la punta de un cuchillo, si se desprende al levantarlo, estará hecha); escúrralas bien y déles unas vueltas en la cazuela a fuego medio para secarlas. Aplástelas bien.

2. ～Bata los huevos con la nata, la nuez moscada y un poco de sal y pimienta negra; viértalo sobre la patata y aplaste todo hasta que quede un puré sin grumos y espeso que se pueda servir con la manga pastelera (añada más nata si necesita aclararlo). Deje enfriar un poco.

3. ～Precaliente el horno a 180º C. Ponga la mezcla en una manga con boquilla estrellada de 1,5 cm y forme unos montoncitos en remolino sobre dos bandejas de horno engrasadas; deje suficiente espacio entre ellos. Píntelos con la yema y hornéelos durante 15-20 minutos hasta que estén dorados.

**Cada ración contiene:**
Proteínas: 7 g; grasa: 7,5 g; hidratos de carbono: 22 g; fibra: 2 g; colesterol: 105 mg; calorías: 195

# ～ Pastas de patata ～

**Preparación:** 30 min
**Cocción:** 40 min
**Raciones:** 4

| |
|---|
| 1 kg de patatas nuevas 120 g de mantequilla clarificada |

1. ～Pele las patatas y cuézalas durante 10 o 15 minutos, o hasta que estén tiernas pero enteras (pinche una con la punta de un cuchillo, si se desprende al levantarlo, estará hecha); escúrralas, déjelas entibiar, píquelas en trocitos y salpiméntelas.

2. ～Caliente la mitad de la mantequiilla en una sartén grande de fondo grueso y ponga dentro 4 anillos de freír huevos un poco engrasados. Llene éstos hasta el borde con la patata troceada, apretándola para que quede al ras, y deje que se fría a fuego medio-bajo durante 5 o 7 minutos, o hasta que se forme por abajo una costra dorada. Tenga cuidado de que no se quemen y sacuda la sartén suavemente para que no se peguen.

3. ～Déle la vuelta a los anillos con la pasta y retírelos con unas pinzas. Dore las pastas por el otro lado durante 4-5 minutos hasta que quede crujiente y tostado. Sáquelas de la sartén y escúrralas sobre papel absorbente. Dore el resto de las pastas, añadiendo más mantequilla si fuese necesario.

**Cada ración contiene:**
Proteínas: 3 g; grasa: 25 g; hidratos de carbono: 37 g; fibra: 5 g; colesterol: 75 mg; calorías: 375

*Patatas duquesa (arriba) y Pastas de patata*

# ～ Pastel de pastor ～

**Preparación:** 25 min
**Cocción:** 2 h
**Raciones:** 6

| | |
|---|---|
| 30 g de mantequilla | 1 cucharadita de tomillo |
| 1 cebolla grande picada | seco |
| 1 rama de apio en daditos | 1 cucharada de tomate |
| 1 zanahoria en daditos | concentrado |
| 2 cucharaditas de aceite | 2 cucharaditas de azúcar |
| de oliva | morena |
| 1 kg de carne picada de | |
| vaca | **Cobertura** |
| 1 cucharada de harina | 1 kg de patatas harinosas |
| 1¹/2 tazas de caldo de | 50 g de mantequilla |
| carne | ¹/3 de taza de leche |

**1**～ Funda la mantequilla en una sartén grande y rehogue la cebolla a fuego lento durante 5 minutos, o hasta que esté blanda y dorada. Agregue el apio y la zanahoria y rehogue unos minutos más; sáquelo de la sartén y resérvelo. En la misma sartén, caliente el aceite y dore en varias tandas la carne picada; reincorpore toda la carne a la sartén.
**2**～ Eche encima la harina y rehóguela 1 minuto; añada entonces las verduras rehogadas y ponga el caldo, el tomillo, el tomate concentrado y el azúcar. Remueva todo bien, lleve a ebullición y deje cocer tapado durante 50-60 minutos. Cuando esté terminando la cocción, retire la tapa para que se consuma el íquido y se espese la salsa; sazone con sal y pimienta negra. Pase esta mezcla a una fuente r efractaria de 1,5 litros de capacidad. Precaliente el horno a 180º C.
**3**～Para preparar la cobertura, cueza las patatas durante 10-15 minutos, o hasta que estén tiernas pero enteras (pinche una con la punta de un cuchillo, si se desprende al levantarlo, estará hecha); escúrralas y machá-quelas con la mantequilla, la leche y un poco de sal y pimienta negra recién molida; debe quedar un puré sin grumos y esponjoso. Extiéndalo sobre la carne en la fuente y dibuje unas estrías con un tenedor para que la superficie no se apelmace. Hornee el pastel unos 35 o 40 minutos, o hasta que el puré esté bien dorado.

**CADA RACIÓN CONTIENE:**
Proteínas: 40 g; grasa: 40 g; hidratos de carbono: 30 g; fibra: 4 g; colesterol: 165 mg; calorías: 650

*Pique en daditos pequeños el apio y la zanahoria con un cuchillo bien afilado.*

*Con el aceite caliente, rehogue la carne picada en tandas hasta que quede bien dorada.*

*Destape la sartén al final de la cocción para que se consuma el líquido y se espese la salsa.*

*Cubra la carne con el puré de patata y espónjelo con un tenedor para que no se apelmace.*

*De izquierda a derecha: Las clásicas; A la francesa; Cuñas al horno; A la inglesa*

# ～ Patatas fritas ～

Ya sean en bastoncitos gruesos o finos, en cuñas gruesas o a la inglesa, las mejores patatas para freír son las harinosas, con alto contenido en almidón, como las Spunta, Idaho o Sebago.

## Las clásicas

Pele 6 patatas grandes, enjuáguelas y séquelas con papel absorbente. Córtelas a lo largo en rodajas de 1 cm de grosor y luego en bastoncitos largos de 1 cm de ancho; según las corta, échelas en un cuenco con agua muy fría. Escúrralas y séquelas. La forma más segura de freírlas por igual es en freidora, pero si las hace en la sartén, utilice una de fondo grueso y llénela de aceite sólo un tercio de su capacidad, ya que, al soltar las patatas su agua, se forma una espuma que puede desbordarse. Caliente el aceite a 160º C y compruebe la temperatura con un trocito de pan: si se fríe en 30 segundos, el aceite está a punto; si lo hace en 10 segundos, es que está demasiado caliente. Fría las patatas en tandas de 4-5 minutos, o hasta que cojan algo de color; sáquelas y escúrralas sobre papel absorbente. Cuando vaya a servirlas, caliente el aceite a 180º C (el pan se freirá en 15 segundos) y fríalas en tandas de 2-3 minutos para que queden doradas y crujientes. Escúrralas sobre papel absorbente y sálelas.
Raciones: 2–4.

## Patatas a la francesa

Pele 6 patatas grandes, lávelas y séquelas con papel absorbente. Córtelas a lo largo en rodajas finas de 5 mm de grosor, y luego éstas en bastoncitos de 5 mm de ancho; échelas en un cuenco con agua muy fría según las corta. Escúrralas y séquelas. Fríalas en una freidora o en la sartén; en este caso, use una de fondo grueso y no la llene de aceite más de un tercio de su capacidad, ya que el agua que sueltan las patatas forma una espuma que puede desbordarse. Caliente el aceite a 180° C (un trocito de pan se dorará en 15 segundos) y fría las patatas en tandas de 5-10 minutos hasta que estén doradas y crujientes. Escúrralas sobre papel absorbente y sálelas. Raciones: 2-4.

## Cuñas al horno

Frote y limpie bien la piel de 6 patatas grandes y corte cada una en unas 10 cuñas; remójelas en agua fría 10 minutos. Precaliente el horno a 220° C. Escurra las patatas y séquelas con papel absorbente, extiéndalas en una fuente refractaria, riéguelas con un par de cucharadas de aceite de oliva y remuévalas para que lo cojan bien. Hornéelas 45-50 minutos, dándoles la vuelta de vez en cuando, hasta que se doren. Sáquelas, escúrralas sobre papel absorbente y sálelas. Raciones: 2-4.

**Nota** Para que queden más ligeras de grasa, en vez de rociarlas, pínte-las sólo con un poco de aceite.

## Patatas a la inglesa

Pele 6 patatas grandes, lávelas y séquelas con papel absorbente. Córtelas con un pelapatatas en rodajas largas y muy finas. Fríalas en una freidora con mucho aceite; o en una sartén de fondo grueso con aceite hasta un tercio de su capacidad, ya que el agua que sueltan forma una espuma que puede desbordarse. Caliente el aceite a 180° C (un trocito de pan se dorará en 15 segundos) y fría las patatas en tandas pequeñas de 3-4 minutos, o hasta que queden doradas y crujientes. Escúrralas sobre papel absorbente, sálelas y salpíquelas con salsa de chile dulce. Raciones: 2-4.

# ～ Pan de patata ～

**Preparación:** 45 min +
1 h y 45 min de reposo
**Cocción:** 50 min
**Para un pan de 25 cm**

500 g de patatas harino-
sas, peladas y en cuartos
una bolsita de 7 g de
levadura desecada, o
15 g de levadura fresca
$3^{1}/_{2}$ – 4 tazas de harina
sin blanquear

1 cucharadita de sal
2 cucharadas de leche en
polvo entera
$^{1}/_{2}$ taza de cebollino
fresco picado
1 clara de huevo
pipas de girasol peladas

1 ～ Cueza las patatas de 10 a 15 minutos, o hasta que estén tiernas pero enteras (pinche una con un cuchillo, si se desprende al levantarlo, estará hecha); escúrralas, hágalas puré y manténgalo caliente.

2 ～ Engrase con aceite un molde de 25 cm y forre la base con papel vegetal. Deslía la levadura y una pizca de azúcar en $^{1}/_{4}$ de taza de agua tibia, tápela y deje reposar en sitio templado 5-10 minutos hasta que suelte espuma.

3 ～ Tamice en un cuenco $3^{1}/_{2}$ tazas de harina, la sal y la leche en polvo, eche el puré y el cebollino y mezcle con un tenedor. Añada la levadura y 1 taza de agua templada; mezcle todo hasta conseguir una masa blanda, agregando más harina si lo necesita.

4 ～ Trabaje la masa en una superficie algo enharinada durante 5 minutos hasta que quede fina y elástica. Pásela a un cuenco grande engrasado y úntela por encima con un poco de aceite. Tape y deje reposar en sitio templado 1 hora, o hasta que suba del todo. Golpéela con el puño y amásela 1 minuto más; divídala en 12 bolas de igual tamaño.

5 ～ Ponga una capa de 6 bolas en el molde dibujando una margarita y rellene los huecos con las otras seis. Tape y deje reposar 45 minutos, o hasta que la masa suba al ras del molde. Precaliente el horno a 210° C. Mezcle la clara con 2 cucharaditas de agua fría, pinte por arriba las bolas y espolvoree las pipas de girasol.

6 ～ Hornee el pan 15 minutos; baje el horno a 180° C y hornee 20 minutos más; si al darle unos golpecitos en la base suena a hueco, estará cocido. Déjelo reposar 10 minutos y vuélquelo sobre una rejilla metálica para que se enfríe.

**ESTE PAN PROPORCIONA:**
Proteínas: 71 g; grasa: 11 g; hidratos de carbono: 405 g; fibra: 25 g; colesterol: 17 mg; calorías: 2025

*Deslía la levadura en el agua, tápela y déjela reposar hasta que esté espumosa.*

*Agregue la patata y el cebollino a la harina con la leche; mezcle todo con un tenedor.*

Cuando la masa haya subido, golpéela con el puño para expulsar el aire que contiene.

Forme dos capas en forma de margarita con las bolas de masa.

# ～ Patatas Ana ～

**Preparación:**
30 min
**Cocción:**
1 h y 5 min
**Raciones: 4**

90 g de mantequilla
clarificada o de *ghee*
(ver nota)
1 kg de patatas nue-
vas, en rodajas finas

**1** ～Precaliente el horno a 200º C. Funda la mantequilla clarificada o el *ghee* en un cacito o en el microondas, y engrase un poco las paredes de una sartén que pueda ir al horno, o de una fuente que resista la llama del fuego de la cocina, de unos 25 cm de diámetro y 5 cm de hondo.
**2** ～Seque las rodajas de patata con papel absorbente y colóquelas en una capa, acaballándolas un po-

co y dibujando una espiral, hasta cubrir el fondo de la sartén.
**3** ～Riéguelas con una cucharada de mantequilla clarificada o *ghee* y sazone con sal y pimienta negra recién molida. Forme más capas de patata, sazónelas y engráselas de igual modo, hasta conseguir tres o cuatro capas; riegue la última con la mantequilla sobrante. Cubra la sartén o la fuente con una tapa o con una doble capa de papel de aluminio y hornéela durante 20 minutos.
**4** ～Retire la tapa o el papel y continúe el horneado otros 30-40 minutos, o hasta que la patata quede blanda por dentro y dorada y crujiente por arriba.
**5** ～Escurra la grasa sobrante y despegue las patatas de la sartén con una espátula. Puede servirlas directamente en la sartén, o bien darles la vuelta sobre un plato liso

grande, como si fuera una tortilla. Sírvalas inmediatamente en cuñas.

**CADA RACIÓN CONTIENE:**
Proteínas: 6 g; grasa: 20 g; hidratos de carbono: 35 g; fibra: 4 g; colesterol: 58 mg; calorías: 330

**Nota** ～La mantequilla clarificada o *ghee* soporta sin quemarse mayores temperaturas que la mantequilla corriente. Para obtener 90 g de mantequilla clarificada, funda 160 g de mantequilla corriente a fuego muy lento durante 5 minutos, sin dejar que se queme; apague el fuego y deje que repose durante 5 minutos. Retire luego la espuma de la superficie con una espumadera y escurra con cuidado en un recipiente el líquido claro, procurando que no caiga nada del residuo blanco (suero). Deseche éste y refrigere la mantequilla clarificada.

*Pele las patatas y córtelas en rodajas finas con un cuchillo grande bien afilado.*

*Riegue cada capa de patatas con una cucharada de mantequilla clarificada y sazónelas.*

# ～ Patatas Dauphine ～

**Preparación:** 10 min +
30 min de refrigeración
**Cocción:** 30 min
**Raciones:** 6

1. ～Cueza las patatas durante 10-15 minutos, o hasta que estén tiernas pero enteras (pinche una con la punta de un cuchillo, si se desprende al levantarlo, estará hecha); escúrralas y hágalas puré.
2. ～ Ponga la mantequilla y $^1/_2$ taza de agua en una cazuela al fuego; cuando hierva el agua, añada la harina y remueva con una cuchara de madera hasta

que la harina se desprenda de las paredes y se forme una bola. Pásela a un cuenco y deje que se enfríe durante 30 minutos.
3. ～Vierta poco a poco los huevos sobre la masa y bata bien después de cada añadido con la batidora de varillas. Incorpore la patata, sazone y mezcle todo. Eche aceite en una sartén honda de fondo grueso hasta cubrir un tercio de su capacidad y caliéntelo

a 180º C (un dado de pan se dorará en 15 segundos). Forme con 2 cucharas de postre porciones como croquetas y sumérjalas en el aceite de una en una; fríalas durante 1 minuto hasta que estén doradas y, según las saca, escúrralas sobre papel absorbente.

**CADA RACIÓN CONTIENE:**
Proteínas: 6,5 g; grasa: 13 g; hidratos de carbono: 20 g; fibra: 2 g; colesterol: 110 mg; calorías: 225

| | |
|---|---|
| 600 g de patatas harinosas, peladas y cortadas en cuartos | $^1/_2$ taza de harina, tamizada |
| 50 g de mantequilla | 3 huevos poco batidos |
| | aceite para freír |

---

# ～ Revoltillo de patata y verduras ～

**Preparación:** 15 min
**Cocción:** 30 min
**Raciones:** 4

1. ～Cueza las patatas de 10 a 15 minutos, o hasta que estén tiernas pero enteras (pinche una con un cuchillo, si se desprende al levantarlo, estará hecha); escúrralas bien.
2. ～Caliente la leche en una cazuela, ponga las patatas y la mitad de la mantequilla, y aplaste las

patatas con un machacador hasta conseguir un puré fino y cremoso.
3. ～Funda la mitad de la mantequilla restante en una sartén de fondo grueso y mango metálico; rehogue las verduras hasta que estén tiernas. Añáda-

las al puré, sazone con sal y pimienta negra recién molida y mezcle todo.
4. ～Precaliente el grill. Funda el resto de la mantequilla en la misma sartén y eche la mezcla de patata y verduras; alise la superficie y déjela al fuego

| | |
|---|---|
| 750 g de patatas harinosas, peladas y en cuartos | 450 g de verduras, como repollo, puerro, coles de Bruselas o espinacas, bien picadas |
| $^1/_2$ taza de leche | |
| 80 g de mantequilla | |
| una pizca de nuez moscada recién rallada | |

*Patatas Dauphine (arriba) y Revoltillo de patata y verduras*

hasta que se dore y esté crujiente por abajo. Retírela entonces del fuego y gratínela en la propia sartén hasta que se dore y esté crujiente por arriba. Si lo prefiere, déle la vuelta a la mezcla como si fuera una tortilla y dórela por el otro lado, aunque resulta más cómodo gratinarla. Este revoltillo, servido con una ensalada, resulta un plato completo, aunque también es adecuado para acompañar, en cuyo caso, la ración puede ser más pequeña.

**CADA RACIÓN CONTIENE:**
Proteínas: 8 g; grasa: 18 g; hidratos de carbono: 29 g; fibra: 6 g; colesterol: 55 mg; calorías: 310

**Variación** Enriquezca este plato rehogando un poco de beicon picado con las verduras.

# ～ Patatas asadas ～

**Preparación:**
15 min
**Cocción:**
1 h
**Raciones: 4**

1,2 kg de patatas para asar, peladas y cortadas por la mitad
20 g de mantequilla
1 cucharada de aceite

1.～Precaliente el horno a 180° C. Ponga las patatas en una cazuela grande cubiertas con agua fría; lleve a ebullición y cuézalas durante 5 minutos. Escúrralas y déjelas enfriar sobre papel absorbente.

2.～Rasque con un tenedor la cara curva de cada media patata para que quede rugosa. Disponga las patatas extedidas en una bandeja de horno engrasada.

3.～Funda la mantequilla en un cazo o en el microondas y mézclela con el aceite; pinte con esta mezcla las patatas, reservando un poco para rociarlas mientras se asan.

4.～Meta la bandeja en el horno y ase las patatas durante 50 minutos hasta que estén bien doradas; úntelas a mitad de cocción con el resto de la mantequilla con aceite.

**CADA RACIÓN CONTIENE:**
Proteínas: 4 g; grasa: 9 g; hidratos de carbono: 47 g; fibra: 2 g; colesterol: 13 mg; calorías: 160

**Nota**～Emplee patatas del mismo tamaño para que se asen por igual y ráspelas bien con el tenedor para que queden crujientes por fuera.

# ～ Patatas jorobadas ～

**Preparación:** 20 min
**Cocción:** 50 min
**Raciones: 4**

1 kg (unas 8) de patatas nuevas pequeñas, peladas
20 g de mantequilla

2 cucharaditas de pan rallado
2 cucharaditas de parmesano rallado

1.～Precaliente el horno a 180° C. Corte a cada patata una pequeña rodaja en uno de sus lados para que se mantengan bien, formando una base.

2.～Con un cuchillo bien afilado, hágales en la parte superior una serie de cortes en horizontal, procurando que no sobrepasen los dos tercios de su grosor para que no se rompan (un buen modo de asegurarse la profundidad del corte es ponerlas en un cucharón y cortarlas hasta que el cuchillo tope con los bordes).

3.～Ponga las patatas preparadas en una bandeja de horno un poco engrasada. Funda la mantequilla en un cacito o en el microondas y pinte las patatas.

4.～Espolvoréelas después con el pan rallado previamente mezclado con el queso parmesano rallado y hornéelas durante 50 minutos, o hasta que estén tiernas y bien doradas.

**CADA RACIÓN CONTIENE:**
Proteínas: 9 g; grasa: 5 g; hidratos de carbono: 45 g; fibra: 5 g; colesterol: 15 mg; calorías: 275

*Patatas asadas (arriba) y Patatas jorobadas*

# ~ Rösti ~

**Preparación:**
20 min + toda la noche
en la nevera
**Cocción:**
50 min
**Raciones: 4**

---

750 g de patatas
nuevas o poco
harinosas, sin pelar
60 g de mantequilla

---

**1**~ Cueza las patatas al vapor o con agua durante 15-20 minutos, o hasta que estén tiernas pero enteras (pinche una con la punta de un cuchillo, si la patata se desprende al levantarlo, estará hecha). Escúrralas, deje que se enfríen y pélelas; métalas en la nevera, tapadas, durante toda la noche.
**2**~Ralle las patatas con un rallador grueso y sazónelas con sal y pimienta negra recién molida.

Caliente 40 g de la mantequilla en una sartén de fondo grueso de 20 cm; cuando empiece a chisporrotear, eche la patata rallada y aplástela bien con una espátula larga o una espumadera para que quede una capa fina.
**3**~Cueza la patata a fuego medio-bajo de 15 a 20 minutos hasta que quede crujiente y dorada por abajo; procure que no se queme el fondo y sacuda la sartén de vez en cuando para que no se pegue.
**4**~Cubra la sartén con un plato liso grande y dé la vuelta al *rösti* dejándolo en el plato. Caliente el resto de la mantequilla y deslice con cuidado el *rösti* en la sartén; deje cocer otros 15-20 minutos hasta que se dore bien por el otro lado.
**5**~Sírvalo inmediatamente, cortado en cuñas, para acompañar unos huevos con beicon en el

desayuno, o con una ensalada como almuerzo.

**CADA RACIÓN CONTIENE:**
Proteínas: 4,5 g; grasa: 12 g;
hidratos de carbono: 25 g;
fibra: 3 g; colesterol: 40 mg;
calorías: 230

**Nota**~Si lo prefiere, en vez de un *rösti* grande, puede hacer unos individuales. Precaliente el horno a 220° C y engrase con un poco de mantequilla 12 moldes para *muffin* (magdalenas) de $1/2$ taza de capacidad cada uno. Cueza al vapor o con agua 500 g de patatas nuevas o poco harinosas, rállelas en un cuenco, mezcle la ralladura con 30 g de mantequilla fundida y salpiméntela. Reparta la patata en los moldes y apriétela un poco. Hornee durante 45 minutos hasta que los *röstis* queden bien dorados; despéguelos de los moldes con una espátula pequeña y sírvalos calientes.

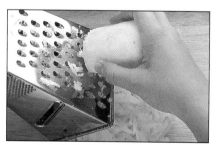

*Pele las patatas cocidas, enfríelas toda la noche y rállelas con un rallador grueso.*

*Dé la vuelta al* rösti *y deje que cueza hasta que quede crujiente y dorado por el otro lado.*

# ~ Curry de patatas con guisantes ~

**Preparación:** 15 min
**Cocción:** 30 min
**Raciones:** 4

1.~ Caliente el aceite en una cazuela grande y rehogue la cebolla con el ajo, el jengibre y el chile durante 2-3 minutos, o hasta que la cebolla quede transparente.

2.~ Agregue el cilantro, el *garam masala*, el comino, la cúrcuma y la cayena que prefiera; remueva constantemente durante 1 minuto y eche las patatas, mezclándolas bien con las especias. Vierta 2 tazas de agua, eche el zumo de limón y deje cocer las patatas durante 10-15 minutos, sin tapar, hasta que estén tiernas; remueva de vez en cuando.

3.~ Agregue los guisantes y el cilantro picado y continúe la cocción otros

---

2 cucharadas de aceite vegetal
1 cebolla grande cortada en cuñas finas
2 dientes de ajo majados
1 cucharada de jengibre fresco rallado
1 chile verde, sin las semillas y picado fino
2 cucharaditas de cilantro molido
2 cucharaditas de *garam masala*
2 cucharaditas de comino molido

1 cucharadita de cúrcuma en polvo
1/4 de cucharadita de cayena en polvo, o al gusto
700 g de patatas nuevas, peladas y cortadas en dados de 2 cm
2 cucharadas de zumo de limón
200 g de guisantes congelados, ablandados
1/4 de taza de cilantro fresco picado

---

5 minutos. Sirva el curry como plato fuerte con pan indio, o para acompañar un guiso de carne.

**CADA RACIÓN CONTIENE:**
Proteínas: 8 g; grasa: 10 g; hidratos de carbono: 30 g; fibra: 6,5 g; colesterol: 0 mg; calorías: 240

**Nota**~ El agüilla que desprende el chile al picarlo puede provocarle picores muy molestos en

las manos y, peor aún, en los ojos, si se los frota con los dedos. Para evitarlo, póngase guantes desechables.
Puede preparar este plato el día anterior y guardarlo en un recipiente herméti-co dentro de la nevera. Poco antes de servirlo, re-caliéntelo en una cazuela a fuego lento, removién-dolo con cuidado para no romper las patatas.

*Quite al chile las semillas y la membrana blanca del interior y píquelo fino.*

*Agregue a la cebolla el cilantro, el* garam masala, *el comino, la cúrcuma y la cayena.*

# ～ Patatas rellenas ～

Resultan deliciosas a cualquier hora del día, como comida principal, acompañamiento o aperitivo. Le proponemos algunos rellenos a título orientativo, aunque puede hacerlos casi con cualquier ingrediente. Considere la patata como una paleta de pintor y los rellenos como los colores.

## CÓMO PREPARAR LA PATATA

Precaliente el horno a 220º C. Lave y seque una patata grande harinosa, pínchela varias veces con un tenedor (así la piel no revienta al cocerla) y póngala en una bandeja de horno. Úntela con aceite de oliva y hornéela de 1 a $1^1/2$ horas (pínchela con una aguja para comprobar que está tierna). Sáquela y haga un corte profundo en cruz en su parte superior; vacíe un poco de pulpa para que quepa el relleno. Si la hace en el microondas, una vez lavada y pinchada, envuélvala en una servilleta de papel y ásela 4-6 minutos, dándole una vez la vuelta. Si hace varias juntas, aumente el tiempo de cocción. Rellénelas con los ingredientes que prefiera .

## Ratatouille

Caliente un resto de *ratatouille* (pisto de calabacín) y rellene la patata; adorne con parmesano rallado.

## Beicon con champiñón y yogur

Fría unas tiritas de beicon hasta que estén crujientes y escúrralas. Rehogue un poco de champiñón en láminas con ajo majado en 1-2 cucharaditas de mantequilla o aceite hasta que se dore un poco. Añada perejil, sazone y remueva. Ponga 1 cucharada de yogur griego dentro de la patata y encima de ésta el champiñón y el beicon.

### Queso azul con cebolla caramelizada

Estofe 1 cebolla en rodajas muy finas con un poco de mantequilla a fuego muy lento de 10 a 15 minutos, hasta que esté muy blanda y caramelizada. Rellene la patata asada con la cebolla y ponga encima unos daditos de queso azul; hornéela hasta que el queso se funda.

### Nata agria, beicon y cebollino

Fría unas tiritas de beicon hasta que estén crujientes; escúrralas. Rellene la patata con 1 cucharada de nata agria y ponga el beicon, cebollino picado y pimienta negra molida.

### Guacamole con nata agria

Ponga un poco de nata agria dentro de la patata y encima el guacamole y un poco de *cheddar* rallado.

### Salsa boloñesa

Caliente un resto de boloñesa y rellene la patata con esta salsa; espolvoree con *cheddar* rallado y pimienta negra.

### Judías cocidas y queso

Caliente unas cuantas judías cocidas. Rellene la patata con un poco de *cheddar* rallado y ponga encima las judías; sazone

### Mantequilla de ajo y hierbas

Mezcle 1 cucharada de mantequilla ablandada, 1 diente de ajo majado, 1 cucharadita de perejil y otra de tomillo, ambos frescos y picados. Rellene la patata con esta mezcla y sazone. Esta mantequilla sirve también para rellenar las patatas antes de poner encima otros ingredientes.

*De izquierda a derecha:*
*Ratatouille; Beicon y cham-*
*piñón con yogur; Queso azul*
*con cebolla caramelizada;*
*Nata agria, beicon y*
*cebollino; Guacamole con*
*nata agria; Salsa boloñesa;*
*Judías cocidas y queso;*
*Mantequilla de ajo y hierbas*

# ～ Patatas envueltas ～

**Preparación:** 40 min
**Cocción:** 20 min
**Raciones:** 6

| *Pasta para rebozar* | 575 g de patatas nuevas |
|---|---|
| 1 taza de harina de fuerza | poco harinosas, peladas |
| 1/4 de taza de harina de | y cortadas en rodajas |
| maíz | finas |
| 1 cucharadita de zumo de | harina corriente para |
| limón | rebozar |
| 1 cucharada de aceite | aceite vegetal abundante |
| vegetal | para freír |

1. ～ Para preparar la pasta de rebozar, tamice en un cuenco grande la harina de fuerza con la de maíz, un poco de sal y otro poco de pimienta negra recién molida. Haga un hoyo en el centro y vierta poco a poco 3/4 de taza de agua, batiendo todo hasta conseguir una pasta sin grumos. Agregue 3 cucharadas más de agua, el zumo de limón y la cucharada de aceite.

2. ～ Seque las rodajas de patata con papel absorbente; ponga la harina en un plato y pase por ella las patatas, sacudiendo la que sobre. Sumerja las patatas de una en una en la pasta, escurra la que sobre y vaya friéndolas en abundante aceite.

3. ～ Para freirlas, ponga aceite en una sartén de fondo grueso hasta que cubra un tercio de su capacidad, y caliéntelo a 160° C (un trocito de pan tardará en dorarse unos 30 segundos). Sumerja con unas pinzas las patatas en el aceite, unas pocas cada vez, y fríalas hasta que empiecen a dorarse. Una vez que haya frito todas, suba la temperatura del aceite a 180° C (un trocito de pan se dorará en sólo 15 segundos) y fríalas de nuevo, en tandas de 1-2 minutos, hasta que queden bien doradas y el reboza-

do crujiente. Escúrralas sobre papel absorbente y sírvalas al momento, bien calientes; para que tengan más sabor, sálelas un poco y sírvalas con unas cuñas de limón.

CADA RACIÓN CONTIENE:
Proteínas: 3 g; grasa: 13 g; hidratos de carbono: 35 g; fibra: 2 g; colesterol: 0 mg; calorías: 175

**Nota** ～ Con esta pasta, y siguiendo los mismos pasos, se puede preparar también pescado rebozado. Si la pasta le quedase demasiado espesa, agregue un poco más de agua para aclararla.

*Pele las patatas, córtelas en rodajas finas y séquelas con papel absorbente.*

*Sumerja las patatas rebozadas con unas pinzas y fríalas hasta que empiecen a dorarse.*

# ～ Picadillo de fiambre de ternera ～

**Preparación:** 30 min +
2–3 h en la nevera
**Cocción:** 45 min
**Raciones:** 4

| | |
|---|---|
| 500 g de patatas harinosas, sin pelar | 1 cebolla picada fina |
| 250 g de fiambre de ternera en conserva | 1/4 de cucharadita de nuez moscada |
| | 60 g de mantequilla |

**1** ～Cueza las patatas al vapor o con agua durante 15-20 minutos, o hasta que estén tiernas pero sin que se deshagan (pinche una con la punta de un cuchillo, si la patata se desprende al levantar éste, estará hecha). Escúrralas, deje que se enfríen, pélelas y píquelas en trocitos.

**2** ～Mezcle bien en un cuenco grande la patata troceada con la carne, que habrá picado también en trocitos, la cebolla, la nuez moscada y un poco de pimienta negra recién molida; tape el cuenco y métalo en la nevera unas 2-3 horas para que la mezcla adquiera consistencia.

**3** ～Caliente la mantequilla en una sartén antiadherente de fondo grueso y 20 cm de diámetro, agregue la mezcla de patata y aplástela con una espátula larga o una espumadera para darle forma de torta plana.

**4** ～Deje que se cueza a fuego medio durante unos 10-15 minutos, o hasta que se haga una costra por abajo; procure que no se queme y agite la sartén de vez en cuando para que no se peguen las patatas al fondo.

**5** ～Ponga un plato grande ligeramente engrasado sobre la sartén y déle la vuelta a la mezcla como si fuera una tortilla; deslícela de nuevo en la sartén y deje que se haga durante 10 minutos más, o hasta que se forme costra por el otro lado. Sírvala inmediatamente.

**CADA RACIÓN CONTIENE:**
Proteínas: 15 g; grasa: 15 g; hidratos de carbono: 20 g; fibra: 25 g; colesterol: 57 mg; calorías: 260

**Nota** Puede servir el picadillo con un huevo escalfado y tomates gratinados sazonados con pimienta negra recién molida y unas hierbas frescas picadas.
Si no encontrase carne en conserva en una pieza, utilice la misma cantidad de fiambre de ternera en lonchas. También puede sustituir la carne por unos restos de jamón o de pollo asados.

*Una vez cocidas las patatas, deje que se enfríen y quíteles la piel.*

*Ponga un plato boca abajo sobre la sartén y dé la vuelta a la torta de patata.*

# ～ Patatas a la crema gratinadas ～

**Preparación:** 20 min
**Cocción:** 45 min
**Raciones:** 6

1.～Precaliente el horno a 180° C. Caliente la mantequilla en una sartén y rehogue la cebolla durante 5 minutos, o hasta que esté blanda y transparente.

2.～Engrase ligeramente una fuente de cerámica refractaria y cubra el fondo con una capa de rodajas de patata, montando un poco unas sobre otras. Cubra las rodajas de patata con una capa de aros de cebolla.

3.～Divida el queso en dos partes y reserve una para la cobertura final del plato. Espolvoree un poco de la otra mitad sobre la cebolla y siga formando capas de patata, cebolla y queso hasta terminar estos ingredientes. Finalmente,

---

30 g de mantequilla
1 cebolla cortada en aros finos
750 g de patatas nuevas poco harinosas, peladas y cortadas en rodajas finas

1 taza de queso *cheddar* rallado
1$^{1}/_{2}$ tazas de nata líquida

---

espolvoree el queso que había reservado.

4.～Mezcle en una jarrita la nata con un poco de sal y de pimienta negra recién molida, y viértala sobre las capas de patata y cebolla. Meta la fuente en el horno durante 40 minutos, o hasta que la patata esté tierna, el queso fundido y la superficie del gratinado quede bien tostada.

**CADA RACIÓN CONTIENE:**
Proteínas: 9 g; grasa: 40 g; hidratos de carbono: 19 g; fibra: 2,5 g; colesterol: 120 mg; calorías: 435

**Notas.**～Los gratinados se preparan cubriendo los platos que se van a hornear con una capa de queso o pan rallado, o ambos, que debe quedar bien tostada. Existen muchas clases de gratinados: algunos se elaboran con nata y otros sin ella; si prefiere que queden más ligeros de textura, sustituya la nata por un poco de caldo de verduras o de pollo. Conviene utilizar patatas nuevas o de una variedad poco harinosa, ya que no se deshacen con cocciones prolongadas como la de esta receta. Este plato resulta también delicioso haciéndolo con patatas y boniatos a partes iguales.

*Caliente la mantequilla en una sartén y rehogue la cebolla hasta que esté transparente.*

*Sazone la nata con sal y pimienta negra y viértala sobre las capas de patata y cebolla.*

# ～ Índice ～